Doçuras de domingo

Anna Bittencourt

Editora Senac Rio – Rio de Janeiro – 2019

Doçuras de domingo © Anna Bittencourt, 2019.

Direitos desta edição reservados ao Serviço Nacional de Aprendizagem Comercial Administração Regional do Rio de Janeiro.

Vedada, nos termos da lei, a reprodução total ou parcial deste livro.

Senac RJ

Presidente do Conselho Regional
Antonio Florencio de Queiroz Junior

Diretora Regional
Ana Cláudia Martins Maia Alencar

Diretora de Educação Profissional
Wilma Bulhões Almeida de Freitas

Diretor de Planejamento
Fábio da Silva Soares

Conselho editorial
Ana Cláudia Alencar
Wilma Freitas
Eduarda Varella
Daniele Paraiso

Editora Senac Rio
Rua Pompeu Loureiro, 45/11º andar
Copacabana – Rio de Janeiro
CEP: 22061-000 – RJ
comercial.editora@rj.senac.br
editora@rj.senac.br
www.rj.senac.br/editora

Editora
Daniele Paraiso

Produção editorial
Cláudia Amorim (coordenação), Manuela Soares (prospecção), Andréa Regina Almeida, Gypsi Cane e Michele Paiva (copidesque e revisão de textos), Patrícia Souza, Victor Willemsens e Vinicius Mour (design)

Fotografia
Rodrigo Azevedo

As cerâmicas usadas nas fotos foram gentilmente cedidas por Alice Felzenszwalb e Katia Valente.

Impressão: Edigráfica Gráfica e Editora Ltda.
1ª edição: dezembro de 2019

CIP-BRASIL. CATALOGAÇÃO NA PUBLICAÇÃO
SINDICATO NACIONAL DOS EDITORES DE LIVROS, RJ

B934s

    Bittencourt, Anna
        Doçuras de domingo / Anna Bittencourt. - 1. ed. - Rio de Janeiro : Senac Rio, 2019 192 p. ; 18 cm.

    ISBN 978-85-7756-477-4

    1. Gastronomia. 2. Culinária - Receitas. 3. Sobremesas. I. Título.

19-61554   CDD: 641.86
                                                           CDU: 641.85

A imagem das páginas 136 e 137, de uso contratualmente licenciado, pertence à G & S Imagens do Brasil Ltda. e é utilizada fins meramente ilustrativos, o que se aplica, inclusive, a todos os exemplos, modelos e/ou indivíduos constantes deste material

Sumário

Prefácio

Introdução

Doçuras

Baba de moça (Tia Carmen)	14
Bolinho do padre (Clésio)	16
Bolo de amendoim	20
Bolo de banana	24
Bolo de chocolate (Vera)	28
Bolo de coco com chocolate (Tutty)	32
Bolo de maçã (Selda)	36
Bolo de morango com chocolate	40
Bolo gelado de coco (Maria Luiza)	44
Bolo Myrair	48
Bolo simples (Tutty)	52
Brigadeirão (Dona Elba)	56
Brownies (Fátima)	58
Calda de chocolate (Dona Esmeralda)	62

6 Doçuras de domingo

Doce de abóbora (Helena)	64
Doce de ovos	66
Docinho do céu no liquidificador	70
Gelatina colorida de listras	72
Gelatina mosaico	76
Marshmallow (Carmen)	80
Mousse de chocolate	82
Mousse de chocolate (Dona Elba)	84
Mousse de coco com calda de maracujá	86
Mousse de creme de leite (Ana)	90
Mousse de doce de leite	92
Mousse de manga	94
Ovos nevados (Thereza)	96
Pão de minuto (Vovó Mimi)	100
Papos de anjo (Neide)	102
Pavê de amendoim (Lídia)	106
Pavê de chocolate (Cristina)	110
Pavê de limão	114
Pavê de nozes	118
Pavê húngaro	122
Pudim	124
Quindão de nozes	128
Quindim (Dona Elba)	133
Quindim (Dona Esmeralda)	134

Sumário

Rocambole (Marlene)	136
Sobremesa surpresa	140
Torta alemã (Mônica)	144
Torta chandon	148
Torta de abacaxi (Tia Carmen)	154
Torta de abacaxi (Tutty)	156
Torta de banana	158
Torta de limão	162
Torta de mentirinha (Ruth)	166
Torta de nozes (Dulce)	172
Torta de nozes (Vovó Mimi)	175
Torta de ricota (Cláudia)	178
Torta Romeu e Julieta	182
Zucotto	186

Prefácio

Ao me convidarem para apresentar as receitas de dona Anna, deixando-as ainda mais deliciosas ao aliar os ensinamentos a descritivos que levassem a memória afetiva direto do livro para a mesa, não pensei duas vezes. E que privilégio é conversar com ela, sentir todo o amor que existe em cada preparo, entender suas histórias e seus sabores.

Porque é sempre uma alegria quando percebemos que aquilo que está no papel, em texto e nas apetitosas fotos, é de fato algo importante para quem está dividindo tudo com a gente. Assim são as *Doçuras de domingo* de Anna Bittencourt: um livro recheado de boas lembranças. E são tantas as homenagens que foi preciso nomeá-las para que fossem de fato sinceras. Cada bocado experimentado durante a vida foi aproveitado tão plenamente que merece ser transmitido para as próximas gerações.

Em tempos de afetos cada vez mais necessários, é bom contar com receitas que são verdadeiros afagos no estômago. Com aquela avó que se foi cedo demais. Com a mãe que não tem mais tempo para cozinhar e agora

10 Doçuras de domingo

poderá receber um carinho. Com aquela tia que, assim como Anna, não teve filhos mas se dedica a levar doçuras para sobrinhos e amigos. São bolos, tortas, cremes e caldas que têm muito mais que açúcar, farinha ou ovos: nos trazem a sensação de reencontro.

Toda família tem um cozinheiro de mão cheia que nos faz suspirar só de lembrar do cheirinho bom que vem da cozinha. Quem sabe agora, com os ensinamentos tão preciosos e carinhosos deste livro, poderemos ser, eu e você, essas pessoas daqui a alguns anos. Uma obra para ser degustada página a página, sem pressa, com passo a passo simples e direto, sem esconder nenhum segredo. É sucesso garantido.

Bom apetite!

Isabelle Lindote
Jornalista gastronômica

Introdução

Quando falamos de afeto, é difícil fugir dos clichês. Acredito que cozinhar é uma das melhores formas de partilhar sentimentos e emoções (já tentou fazer um doce quando está triste? Não dá ponto de jeito nenhum!). E qualquer pessoa que tenha recebido um pedaço de bolo quentinho da mão de outra sabe bem que o calor vai direto para o coração.

Assim é *Doçuras de domingo*: um livro de afetos, pequenas contas de felicidade que se transformam em uma joia daquelas que não têm preço. Aqui reúno algumas das receitas que me fizeram muito feliz ao longo de meus quase 75 anos de vida e com as quais fiz a alegria de muita gente também. Principalmente de meus irmãos (somos cinco) e meus onze sobrinhos; a contagem dos sobrinhos-netos ainda não está definida.

Tudo começou quando uma sobrinha se casou e decidi dar de presente um pequeno livro de receitas feito por mim, com recortes e anotações para facilitar a vida do novo casal. Desde então já distribuí mais de vinte exemplares entre familiares e amigos.

12 Doçuras de domingo

Notem que muitas receitas têm o nome de quem me passou além de ingredientes e modo de preparo, também esse carinho todo com o qual transmito os ensinamentos a cada pessoa que ler este livro. Outras receitas peguei por aí, como se fazia antigamente, quando ainda nem se sonhava com a internet: em programas de televisão, nas embalagens de produtos ou mesmo em conversas que pareciam sem tanta importância. A cada uma dei o meu toque, trouxe para dentro de casa e virou de família.

Uma das receitas do livro é de minha avó, conhecida por Mimi, a qual dedico à minha mãe, a mais apaixonada pela torta de nozes. Apesar de não cozinhar nada, ao mesmo tempo era a dona de um doce de abacaxi que nunca consegui fazer igual – mas compartilho duas boas versões de tortas com a fruta nas próximas páginas. Os demais personagens vou apresentando conforme apareçam, uma viagem no tempo que faremos juntos, mesmo que nunca nos conheçamos.

É claro que o domingo é um símbolo de dia para estar com a família, mas as receitas podem ser feitas em qualquer dia da semana. Aproveito para confessar que no meu congelador tem sempre a base de um pavê à espera de alguma visita. Aí é só finalizar com a calda de chocolate da Dona Esmeralda e está tudo certo.

Introdução 13

Já sentiu como é bom ver o sorriso de quem recebe uma fatia de carinho em forma de doce? Espero que sim, e melhor ainda se for com uma das *Doçuras de domingo*.

Vamos cozinhar?

Legenda:
q.b.: quanto baste

Baba de moça
Tia Carmen

Receita ideal para servir com um bolo simples ou mesmo para substituir alguma outra cobertura. Dá para fazer com antecedência e guardar na geladeira.

Ingredientes

Ingredientes	Unidade de medida	Quantidade total
Açúcar	grama	350
Água	xícara	1½
Gemas de ovo peneiradas	unidade	7
Leite de coco	garrafa (200 ml)	1

Modo de preparo

1. Misturar o açúcar e a água e levar ao fogo, sem mexer, até ficar em ponto de fio, com borbulhas nas laterais da panela
2. Retirar do fogo e deixar esfriar
3. Bater bem as gemas peneiradas
4. Juntar o leite de coco à calda
5. Misturar bem e levar ao fogo baixo, mexendo sem parar até dar o ponto

18 Doçuras de domingo

Esta receita me foi dada por um amigo e é parecida com a dos bolinhos de chuva, já que é preciso fritar e servir com canela e açúcar. As crianças vão adorar! Ideal para um fim de tarde preguiçoso.

Ingredientes	Unidade de medida	Quantidade total
Ovo	unidade	1
Açúcar	colher de sopa	5
Sal	pitada	1
Leite	xícara	1
Fermento em pó	colher de sopa	1
Farinha de trigo	q.b.	q.b.
Óleo para fritar	q.b.	q.b.
Mistura de açúcar com canela em pó	q.b.	q.b.

Bolinho do padre

Modo de preparo

1. Bater o ovo
2. Adicionar o açúcar, o sal, o leite e o fermento e misturar
3. Acrescentar, aos poucos, a farinha até que a massa fique firme, sem endurecer
4. Deixar a massa descansar por 10 minutos
5. Em fogo bem quente, fritar a massa no formato desejado
6. Em seguida, passar na mistura de açúcar com canela

Bolo de amendoim

22 Doçuras de domingo

Este bolo é bem básico. A graça está em usar uma calda bem gostosa (sugiro a baba de moça, cuja receita também está neste livro) e caprichar na decoração com amendoins. A cara das festas juninas e do friozinho de Petrópolis.

Ingredientes	Unidade de medida	Quantidade total
Ovo	unidade	8
Água	colher de sopa	8
Açúcar	grama	250
Amendoim torrado e moído	quilo	½
Farinha de trigo	colher de sopa	8
Fermento	colher de chá	2
Farinha de rosca	q.b.	q.b.
Baba de moça ou doce de leite para cobertura	q.b.	q.b.
Amendoins inteiros para decorar	q.b.	q.b.

Bolo de amendoim 23

Modo de preparo

1. Bater na batedeira as gemas (reservar as claras) com a água e o açúcar
2. Acrescentar aos poucos o amendoim moído e mexer com colher de pau
3. Adicionar a farinha de trigo e o fermento e continuar mexendo
4. Bater as claras em neve e misturar ao creme acima
5. Forrar duas fôrmas com papel manteiga, untar e polvilhar com farinha de rosca
6. Colocar a massa nas duas fôrmas e assar em forno quente de 25 a 35 minutos
7. Retirar do forno e, após esfriar, cobrir um dos bolos com baba de moça ou doce de leite
8. Colocar o outro bolo por cima e cobrir com doce de leite ou baba de moça
9. Decorar com amendoins

26 Doçuras de domingo

Sabe aquele bolinho gostoso para apreciar com café ou um bom chocolate quente? É este. Fácil e levinho, feito com farinha de rosca.

Ingredientes	Unidade de medida	Quantidade total
Massa		
Banana	unidade	4
Óleo	xícara	1
Ovo	unidade	3
Açúcar	xícara	2
Farinha de rosca	xícara	2½
Fermento em pó	colher de sopa	1
Cobertura		
Açúcar	colher de sopa	1
Canela em pó	q.b.	q.b.

Bolo de banana

Modo de preparo

1. Bater no liquidificador as bananas, o óleo e os ovos
2. Acrescentar o açúcar, a farinha de rosca e o fermento, e misturar bem
3. Untar e enfarinhar uma fôrma média
4. Levar a massa ao forno para assar
5. Polvilhar e cobrir o bolo com a mistura de canela e açúcar

Bolo de chocolate
Vera

30 Doçuras de domingo

Confesso que quando essa saudosa amiga me falou que tinha uma receita de bolo que já saía do forno com a cobertura por cima não levei fé. Mas não é que funciona? Prático e gostoso. A dica para tudo dar certo é desenformar quando o bolo estiver completamente frio.

Ingredientes	Unidade de medida	Quantidade total
Massa		
Farinha de trigo	copo	2
Fermento em pó	colher de sobremesa	2
Achocolatado em pó	colher de sopa	2
Sal	pitada	1
Leite	copo	1
Açúcar	copo	1
Manteiga	colher de sopa	2
Cobertura		
Água	copo	2
Açúcar	copo	1½
Achocolatado em pó	colher de sopa	4

Bolo de chocolate

Modo de preparo

Massa:

1. Colocar os ingredientes um a um em uma tigela e bater bem com a batedeira
2. Reservar

Cobertura:

1. Misturar todos os ingredientes e levar ao fogo para ferver
2. Reservar

Montagem:

1. Colocar a massa do bolo devagar sobre uma fôrma já untada e enfarinhada
2. Colocar vagarosamente a cobertura do bolo por cima da massa
3. Levar ao forno para assar a 180 °C por 50 minutos ou até o palito sair limpo
4. Desenformar somente quando o bolo estiver completamente frio
5. Pronto, o bolo já sai com a cobertura

Doçuras de domingo

Depois de pronto, este bolo vai parecer muito mais difícil do que realmente foi. A mistura do coco com o chocolate faz vista sem que seja preciso perder muito tempo no preparo, já que para fazer a massa basta colocar todos os ingredientes, um a um, no liquidificador.

Ingredientes	Unidade de medida	Quantidade total
Massa		
Ovo	unidade	6
Achocolatado em pó	colher de sopa	6
Açúcar	colher de sopa	8
Margarina	colher de sopa	2
Coco ralado	grama	100
Fermento em pó	colher de sopa	1
Cobertura		
Creme de leite sem soro	lata	1
Achocolatado em pó	colher de sopa	4
Açúcar	colher de sopa	2

Bolo de coco com chocolate

Modo de preparo

Massa:

1. Bater no liquidificador todos os ingredientes
2. Untar e enfarinhar uma fôrma com furo no meio
3. Levar para assar no forno por mais ou menos 25 minutos
4. Deixar esfriar um pouco, desenformar e colocar a cobertura

Cobertura:

1. Mexer todos os ingredientes e levar ao fogo
2. Deixar ferver e, em seguida, já poderá usá-la para cobrir o bolo

Bolo de maçã
Selda

38 Doçuras de domingo

Esta receita não foi nenhuma tia, nem amiga ou vizinha que me passou. Foi minha ex-cunhada. E além de muito gostosa, ainda é mole de fazer porque vai no liquidificador. Em dias frios, acompanha muito bem um chá quentinho.

Ingredientes	Unidade de medida	Quantidade total
Massa		
Ovo	unidade	4
Óleo	xícara	1
Açúcar	xícara	2
Maçã picada (miolo e casca)	unidade	3
Farinha de trigo peneirada	xícara	3
Fermento peneirado	colher de sopa	1
Canela em pó peneirada	colher de sopa	1
Para finalizar		
Açúcar	xícara	1
Canela em pó	colher de sopa	2

Bolo de maçã 39

Modo de preparo

1. Bater as claras em neve (reservar as gemas)
2. Misturar no liquidificador o óleo, as gemas, o açúcar e as cascas das maçãs
3. Retirar do liquidificador e misturar a farinha, o fermento, a canela peneirada, as maçãs cortadas e as claras em neve
4. Untar, enfarinhar uma fôrma média e colocar a massa
5. Polvilhar com a mistura de açúcar e canela
6. Levar ao forno médio pré-aquecido para assar por mais ou menos 40 minutos

Para esta receita dar certo, o primeiro passo é fazer a cobertura. Para isso, corte os morangos em lascas, macere com açúcar e guarde-os na geladeira por 24 horas.

Ingredientes

Ingredientes	Unidade de medida	Quantidade total
Massa		
Ovo	unidade	7
Água	colher de sopa	7
Açúcar	copo raso	2
Farinha de trigo	copo cheio	2
Fermento em pó peneirado	colher de sopa	1
Recheio		
Morangos cortados em lascas	caixa	2
Morangos inteiros para decorar	q.b.	q.b.
Açúcar	q.b.	q.b.
Licor (de sua preferência)	colher de sopa	2
Chantilly	q.b.	q.b.
Chocolate meio amargo ralado ou raspado	q.b.	q.b.

Doçuras de domingo

Modo de preparo

Massa:

1. Bater bem na batedeira as gemas (reservar as claras para serem usadas a seguir, em neve) com a água
2. Ainda com a batedeira em movimento, acrescentar o açúcar
3. Acrescentar aos poucos a farinha
4. Parar de bater e adicionar o fermento
5. Juntar as claras em neve e misturar
6. Colocar a massa em uma fôrma untada, enfarinhada e com papel manteiga
7. Assar em forno quente por mais ou menos 20 minutos
8. Desenformar ainda morno e reservar o bolo

Recheio:

1. Retirar os morangos com açúcar que você deixou na geladeira no dia anterior
2. Levar o caldo que se formou ao fogo para dar uma fervura
3. Apagar o fogo, colocar o licor e misturar

Bolo de morango com chocolate

Montagem:

1. Molhar o bolo com esse caldo
2. Colocar os morangos e em seguida, o chantilly e o chocolate ralado ou raspado
3. Formar camadas alternadas até que a última seja de chantilly com morangos e chocolate
4. Levar à geladeira e servir bem gelado

Bolo gelado de coco
Maria Luiza

Doçuras de domingo

Tenho certeza de que esta receita vai mexer com a infância de muitos leitores. Um clássico que não sai de moda, e que aprendi com Maria Luiza, moça que trabalhou como empregada doméstica por anos na casa de minha avó.

Ingredientes	Unidade de medida	Quantidade total
Massa		
Ovo	unidade	7
Água	colher de sopa	7
Açúcar	copo raso	2
Farinha de trigo	copo cheio	2
Fermento	colher de sopa	1
Manteiga para untar a fôrma	q.b.	q.b.
Recheio		
Leite de coco	garrafa (200 ml)	1
Leite condensado	lata	1
Coco ralado	q.b.	q.b.

Bolo gelado de coco

Modo de preparo

Massa:

1. Bater na batedeira as gemas (reservar as claras para usar a seguir) com a água e continuar batendo
2. Acrescentar o açúcar
3. Acrescentar, aos poucos, colher a colher, a farinha de trigo
4. Parar de bater e acrescentar o fermento peneirado, mexer e reservar
5. Bater as claras em neve e acrescentar à mistura
6. Levar ao forno médio por 40 minutos (ou até dourar) em fôrma forrada com papel manteiga e untada

Recheio:

1. Furar o bolo ainda quente e jogar, aos poucos, o leite de coco
2. Em seguida jogar, cuidadosamente, o leite condensado
3. Cobrir com coco ralado
4. Levar à geladeira até ficar geladinho

Bolo Myrair

Receita que peguei com minha amiga Luciane, filha de uma banqueteira conhecida por seus doces tão saborosos. Além de gostoso, este bolo fica lindo para comemorações.

Ingredientes	Unidade de medida	Quantidade total
Massa		
Margarina	grama	200
Açúcar	copo	3
Ovo	unidade	3
Farinha de trigo	copo	3
Achocolatado em pó	copo	1
Leite	copo	1
Fermento em pó	colher de sopa	1
Recheio		
Coco ralado	grama	100
Leite	copo	1½
Açúcar	colher de sopa	6
Lata de leite condensado	lata	½

50 Doçuras de domingo

Cobertura

Margarina	grama	150
Achocolatado em pó	colher de sopa	4
Leite condensado	lata	½
Chocolate granulado	q.b.	q.b.
Cerejas	q.b.	q.b.

Modo de preparo

Massa:

1. Colocar os ingredientes em uma tigela um a um e bater bem na batedeira
2. Levar ao forno para assar a 180 °C por 50 minutos ou até o palito sair limpo

Recheio:

1. Misturar todos os ingredientes e levar ao fogo até engrossar
2. Reservar

Cobertura:

1. Bater no liquidificador todos os ingredientes
2. Reservar

Bolo Myrair

Montagem:
1. Desenformar o bolo depois de frio
2. Dividir o bolo em duas partes e colocar o recheio
3. Juntar as partes, colocar a cobertura no bolo e enfeitar com o granulado e as cerejas

Bolo simples

Tutty

54 Doçuras de domingo

Apesar do nome, este é um bolo bem versátil. A massa é fácil de fazer; o pulo do gato é que a calda pode virar um ótimo recheio ou apenas cobrir o bolo mesmo. E faz toda a diferença no resultado final.

Ingredientes	Unidade de medida	Quantidade total
Massa		
Ovo	unidade	4
Açúcar	xícara	1½
Manteiga	colher de sopa	3
Leite (ou suco de laranja ou leite de coco)	xícara	1
Farinha de trigo	xícara	2
Fermento	colher de sopa	1
Cobertura ou recheio		
Leite condensado	lata	1
Emulsificante para sorvete	colher de sopa	1
Gelatina sem sabor	pacote	1
Água para hidratar a gelatina	q.b.	q.b.

Bolo simples

Modo de preparo

Massa:

1. Bater todos os ingredientes no liquidificador, menos a farinha e o fermento
2. Tirar a mistura do liquidificador e adcionar a farinha e o fermento
3. Colocar a massa em uma fôrma untada e enfarinhada e assar em forno médio por 35 a 40 minutos

Cobertura ou recheio:

1. Bater na batedeira o leite condensado e o emulsificante
2. Acrescentar a gelatina já hidratada e derretida
3. Bater bem até ficar como um marshmallow
4. Usar esse creme para rechear a massa ou como cobertura

Uma baiana boa de forno e fogão, mãe de uma amiga, me ensinou esta receita tão fácil que vai dar vontade de fazer toda semana. Só não esqueça de desenformar com o doce ainda morno para que fique bem bonito.

Ingredientes	Unidade de medida	Quantidade total
Leite condensado	lata	2
Ovo	unidade	5
Leite	xícara	½
Manteiga	colher de sopa	1
Chocolate em pó	xícara	1½
Maisena	colher de sopa	2

Modo de preparo

1. Bater no liquidificador todos os ingredientes
2. Colocar em uma fôrma untada
3. Levar ao forno em banho-maria por mais ou menos 50 minutos a 180 ºC ou 200 ºC
4. Desenformar ainda morno

Brownies

Fatima

Doçuras de domingo

Essa minha amiga me passou a melhor receita de brownie que conheço: depois que aprendi, não fiz mais de outro jeito. Se servir com uma calda de chocolate então...

Ingredientes	Unidade de medida	Quantidade total
Chocolate meio amargo em barra	grama	200
Manteiga sem sal	grama	200
Ovo	unidade	3
Açúcar	xícara	1
Baunilha	q.b.	q.b.
Fermento	xícara	2
Farinha de trigo	colher de sobremesa	1
Nozes picadas	xícara	1

Brownies

Modo de preparo

1. Derreter o chocolate com a manteiga
2. Bater na batedeira, por 30 minutos, os ovos, o açúcar e a baunilha
3. Adicionar o chocolate derretido e o fermento
4. Misturar alternando a farinha e as nozes picadas
5. Levar ao forno médio para assar em fôrma retangular
6. Cortar ainda quente em quadrados
7. Se quiser, jogar calda de chocolate e salpicar nozes picadas

Uma ótima calda para sorvetes e a cobertura perfeita para uma torta alemã ou um pavê. Quem me ensinou esta receita foi a doceira Esmeralda, uma portuguesa que morava no meu prédio e de quem fiquei amiga e aprendi um monte de gostosuras.

Ingredientes	Unidade de medida	Quantidade total
Leite	xícara	1
Achocolatado em pó	xícara	½
Açúcar	xícara	1
Sal	pitada	1
Manteiga	colher de sopa	1

Modo de preparo

1. Levar ao fogo o leite e o achocolatado e deixar ferver
2. Acrescentar o açúcar, o sal e a manteiga
3. Após a fervura, manter no fogo por 15 minutos

Doce de abóbora
Helena

Minha mãe quase não cozinhava e sempre tinha funcionárias em casa para preparar os alimentos do dia a dia. Helena foi uma dessas moças (citei também Maria Luiza algumas receitas atrás) e este doce é de comer rezando.

Ingredientes	Unidade de medida	Quantidade total
Abóbora	quilo	1½
Água	copo	1
Açúcar	grama	500
Canela em pau	unidade	1
Coco inteiro, ralado	unidade	1
Cravos da índia	q.b.	q.b.

Modo de preparo

1. Levar ao fogo a abóbora, a água, o açúcar e a canela até dar ponto (quando a abóbora começar a secar)
2. Colocar o coco ralado
3. Retirar o pau de canela e adicionar alguns cravos da índia
4. Misturar bem

Doce de ovos

Doçuras de domingo

O pulo do gato desta receita é **não** prepará-la em dias de calor, pois o açúcar derrete e o resultado não fica bom. Um doce perfeito para presentear, embaladinho, com bastante carinho.

Ingredientes	Unidade de medida	Quantidade total
Massa		
Açúcar	xícara	2
Água	xícara	1
Limão	unidade	1
Gema de ovo	unidade	16
Calda		
Açúcar cristal	xícara	3
Água	xícara	1½
Vinagre de vinho branco	colher de sopa	2
Montagem		
Manteiga	q.b.	q.b.

Doce de ovos

Modo de preparo

Massa:

1. Levar ao fogo o açúcar com a água e seis gotas de limão
2. Mexer até formar uma calda em ponto pasta e deixar amornar
3. Colocar, uma a uma, as gemas dos ovos peneiradas
4. Mexer bem e levar ao fogo até dar ponto de enrolar
5. Deixar esfriar e fazer bolinhas
6. Reservar

Calda:

1. Levar ao fogo o açúcar cristal com a água e o vinagre
2. Mexer até formar uma calda em ponto de fio

Montagem:

1. Passar manteiga na bancada de mármore
2. Jogar as bolinhas de doce dentro da calda uma a uma
3. Retirar rapidamente e colocá-las sobre o mármore
4. Colocar em forminha com papel celofane

Docinho do céu no liquidificador

Mais uma receitinha de liquidificador para se ter na manga quando surge uma visita inesperada. Meia hora no forno e mais um tantinho de geladeira e só ser feliz com esse tipo de pudim que, de tão bom, parece que veio do céu.

Ingredientes	Unidade de medida	Quantidade total
Ovo	unidade	5
Leite condensado	lata	2
Leite de coco	garrafa (200 ml)	1
Leite integral	ml	200
Coco ralado	xícara	1

Modo de preparo

1. Bater os ingredientes no liquidificador
2. Untar uma fôrma média, polvilhar com coco ralado e colocar a massa
3. Levar ao forno para assar em banho-maria por mais ou menos 30 minutos

Gelatina colorida de listras

Esta versão é bem trabalhosa e já fez muito sucesso entre família, amigos e até entre alguns clientes. O resultado é bonito e gostoso, como deveriam ser todos os doces.

Ingredientes	Unidade de medida	Quantidade total
Gelatina sabor limão	pacote	1
Gelatina sabor morango	pacote	1
Gelatina sabor abacaxi	pacote	1
Gelatina sabor uva	pacote	1
Água fervente	q.b.	q.b.
Gelatina sem sabor	pacote	1
Água fria	colher de sopa	6
Leite condensado	lata	2
Creme de leite	caixa	2
Leite de vaca	lata	1
Manteiga para untar a fôrma	q.b.	q.b.

Modo de preparo

1. Dissolver cada gelatina com sabor em 1 copo e dois dedos de água fervente
2. Esperar esfriar
3. Hidratar a gelatina sem sabor com a água fria e derretê-la em banho-maria
4. Bater no liquidificador a gelatina sem sabor já derretida, o leite condensado, o creme de leite e o leite, formando um batido branco
5. Em uma fôrma untada com manteiga, colocar um pouco desse batido branco (mais ou menos ½ copo) e levar ao freezer por aproximadamente 10 minutos, até estar firme ao se colocar o dedo (não pode estar duro demais para evitar que, na hora de desenformar, a gelatina separe as listras)
6. Na metade da gelatina de morango, colocar ½ copo do batido, misturar e colocar por cima do batido que foi colocado no fundo da fôrma
7. Levar ao freezer por aproximadamente 15 minutos ou até endurecer
8. No restante da gelatina de morango, colocar 1 copo do batido, misturar e colocar por cima da gelatina já gelada
9. Levar ao freezer novamente

Gelatina colorida de listras

10. Colocar por cima mais uma camada do creme branco e levar ao freezer mais uma vez
11. Repetir o procedimento com todos os sabores das gelatinas
12. Por fim, levar a fôrma à geladeira por 6 horas, coberta com filme plástico
13. Desenformar e observar o contraste entre as cores

Gelatina mosaico

Doçuras de domingo

Gelatina parece fácil, não é? Mas não se engane: ao contrário da maioria das receitas deste livro, é preciso ter tempo e disposição para fazer um doce bem bonito. São dois dias para fazer esta receita. O maior trabalho é da geladeira, mas é preciso organização. Uma sobremesa com jeito retrô que segue encantando.

Ingredientes	Unidade de medida	Quantidade total
Gelatina sem sabor	pacote	1
Água fria	colher de sopa	6
Leite condensado	lata	1
Creme de leite	caixa	2
Leite	copo	½
Gelatina sabor limão	pacote	1
Gelatina sabor morango	pacote	1
Gelatina sabor abacaxi	pacote	1
Gelatina sabor uva	pacote	1
Gelatina sabor tutti-frutti	pacote	1
Água fervente para dissolver as gelatinas	q.b.	q.b.

Gelatina mosaico 79

Modo de preparo

1. Hidratar a gelatina sem sabor com a água fria e derreter em banho-maria
2. Bater no liquidificador a gelatina já derretida, o leite condensado, o creme de leite e o leite
3. Reservar esse creme
4. Dissolver cada gelatina com sabor em 1 copo e dois dedos de água fervente
5. Esfriar e colocar cada uma em um pirex pequeno
6. Levar à geladeira por 1 dia
7. No dia seguinte, cortar cada gelatina em pequenos cubos
8. Colocar todos juntos em uma travessa
9. Colocar o creme que reservou por cima de todas as gelatinas da travessa
10. Misturar delicadamente e levar em fôrma untada à geladeira por mais ou menos 4 horas
11. Desenformar e servir

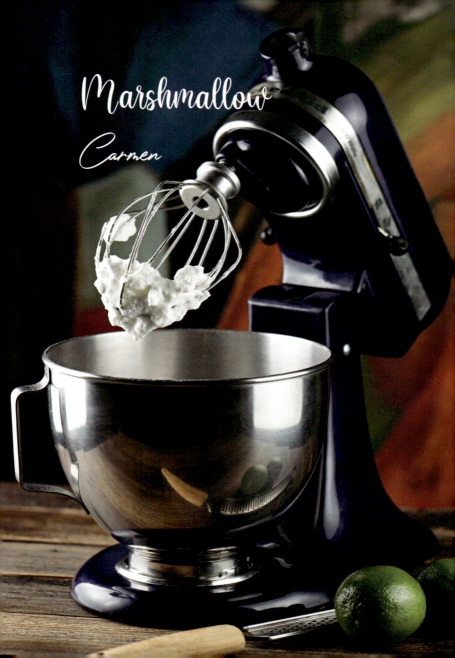

Uma boa receita de minha tia para fugir dos doces industrializados, que a gente nem sabe o que têm dentro. Depois de ver como é fácil, vai virar mania.

Ingredientes	Unidade de medida	Quantidade total
Xarope de milho	xícara	1
Açúcar	xícara	1
Água	xícara	1
Clara de ovo	unidade	4
Raspas de limão	q.b.	q.b.

Modo de preparo

1. Levar ao fogo o xarope, o açúcar e a água
2. Mexer até formar uma calda em ponto de fio
3. Despejar a calda cuidadosamente sobre as claras já batidas em neve
4. Bater na batedeira até esfriar
5. Colocar as raspas de limão

Como mousse nunca é demais (há outras receitas neste livro), separei mais uma para compartilhar. Este doce pode ser feito de muitas maneiras diferentes, tem quem faça até sem ovos. Para esta receita, recomendo que coloquem castanhas por cima antes de levar à geladeira.

Ingredientes	Unidade de medida	Quantidade total
Ovo	unidade	4
Açúcar	colher de sopa	6
Chocolate meio amargo	grama	250
Creme de leite	lata	1
Baunilha	colher de sopa	1
Nozes picadas ou avelãs (opcional)	q.b.	q.b.

Modo de preparo

1. Bater na batedeira as gemas com o açúcar até dobrar de volume
2. Reservar o creme
3. Derreter o chocolate em banho-maria
4. Adicionar o creme de leite e misturar até formar um creme homogêneo
5. Retirar do fogo e juntar a baunilha
6. Mexer até esfriar
7. Juntar o creme das gemas e bater bem
8. Bater as claras em neve e juntar à mistura anterior
9. Levar à geladeira
10. Se preferir, cobrir com nozes ou avelás

Mousse de chocolate

Uma receita coringa, na qual o único trabalho é bater as claras em neve. E lavar a louça depois, é claro, porque todo mundo vai querer experimentar. Gosto de servir com castanhas por cima, mas fica a gosto.

Mousse de chocolate 85

Ingredientes	Unidade de medida	Quantidade total
Chocolate meio amargo em tablete	grama	250
Água	colher de sopa	2
Ovo	unidade	6
Manteiga	grama	125
Nozes ou avelãs picadas (opcional)	q.b.	q.b.

Modo de preparo

1. Colocar o chocolate com a água em banho-maria e, após derreter, reservar
2. Bater as claras em neve dos 6 ovos e reservar
3. Em outra panela, derreter a manteiga em banho-maria
4. Adicionar a manteiga ao chocolate reservado, mexendo até esfriar
5. Adicionar as 6 gemas aos poucos, uma a uma, mexendo até encorpar
6. Acrescentar as claras em neve e misturar levemente
7. Se desejar, juntar à mistura nozes ou avelãs
8. Levar à geladeira para firmar

Mousse de coco com calda de maracujá

88 Doçuras de domingo

Mais uma receita bem fácil e boa de se ter à mão para qualquer ocasião especial. E o melhor é que dá para preparar no dia anterior e só finalizar com a calda para servir.

Ingredientes	Unidade de medida	Quantidade total
Mousse		
Maisena	colher de sopa	10
Leite	xícara	3
Leite de coco	xícara	1
Claras de ovos em neve	unidade	4
Gelatina sem sabor	pacote	1
Água	colher de sopa	5
Calda		
Suco de maracujá concentrado	xícara	2
Água	xícara	2
Açúcar	colher de sopa	2
Maisena	colher de sopa	4

Mousse de coco com calda de maracujá

Modo de preparo

Mousse:

1. Misturar a maisena, o leite e o leite de coco
2. Levar ao fogo moderado, mexendo até engrossar
3. Tirar do fogo e deixar esfriar
4. Adicionar as claras em neve e mexer delicadamente
5. Hidratar a gelatina com a água e derreter em banho-maria
6. Adicionar a gelatina à mistura anterior
7. Levar a geladeira de um dia para o outro

Calda:

1. Juntar todos os ingredientes e levar ao fogo até engrossar
2. Retirar do fogo e deixar esfriar

Montagem:

1. Desenformar a mousse
2. Cobrir com a calda

Amiga há mais de vinte anos, ela me recomendou a não bater demais o creme de leite para não virar chantilly. Se acontecer, é só guardar o chantilly para outro preparo e tentar de novo. Sem chance de arrependimentos.

Ingredientes

Ingredientes	Unidade de medida	Quantidade total
Creme de leite	litro	1
Açúcar para o creme de leite	colher de sopa	4
Gelatina sem sabor hidratada e derretida	pacote	1
Vinho	cálice	1
Água fria	copo	½
Açúcar para a calda	copo	½

Modo de preparo

1. Bater levemente o creme de leite com o açúcar
2. Juntar a gelatina, misturar tudo e levar à geladeira por mais ou menos 4 horas
3. Bater o vinho, a água e o açúcar para a calda
4. Levar ao fogo até ferver e engrossar
5. Deixar a calda esfriar
6. Desenformar a mousse e cobrir com a calda para servir

Mais simples que fazer é comer, de tão deliciosa que é esta mousse. Se eu fosse dar uma dica seria: use um excelente doce de leite. E seja feliz!

Ingredientes	Unidade de medida	Quantidade total
Gelatina sem sabor	pacote	1
Água	colher de sopa	6
Doce de leite	lata	1
Creme de leite	caixa	2

Modo de preparo

1. Hidratar a gelatina com a água, deixar 15 minutos e derreter em banho-maria
2. Misturar os outros ingredientes com a gelatina
3. Bater tudo no liquidificador
4. Colocar em uma fôrma untada e levar à geladeira
5. Desenformar e enfeitar a gosto

Mousse de manga

Mais uma mousse bem fácil, gostosa e que pode ser feita com antecedência. Menos correria na cozinha na hora do almoço de família, sem perder nada em sabor. Vale usar a imaginação e tentar variações com outras frutas.

Ingredientes	Unidade de medida	Quantidade total
Suco de manga (fruta batida)	copo	2
Leite condensado	lata	1
Creme de leite	lata	1
Gelatina sem sabor hidratada e já derretida	pacote	1
Leite	copo	½
Pedaços de manga para decorar	q.b.	q.b.

Modo de preparo

1. Bater todos os ingredientes no liquidificador
2. Colocar em fôrma untada
3. Levar à geladeira por mais ou menos 3 horas
4. Desenformar e decorar com pedaços de manga

Ovos nevados
Thereza

Doçuras de domingo

Esta receita é de minha irmã, mãe do meu sobrinho Luiz. Ele é um dos maiores fãs de meus doces e essa doçura não poderia faltar no livro.

Ingredientes	Unidade de medida	Quantidade total
Leite	litro	1½
Ovo	unidade	8
Baunilha	q.b.	q.b.
Açúcar	colher de sopa	15

Modo de preparo

1. Ferver o leite
2. Bater na batedeira as claras em neve duras (reservar as gemas para serem usadas a seguir)
3. Misturar as claras, às colheradas, ao leite fervente, com a baunilha
4. Levar ao fogo baixo para cozinhar
5. Após cozidas, transferir as claras para um pirex e reservar o leite restante

Ovos nevados

Creme:

1. Bater as gemas na batedeira com o açúcar, formando uma gemada bem escura
2. Misturar a gemada, aos poucos, ao leite já morno e coado
3. Levar ao fogo baixo para engrossar
4. Retirar do fogo e deixar esfriar

Montagem:

1. Colocar a mistura da gemada sobre as claras já cozidas que estão no pirex
2. Levar à geladeira até firmar

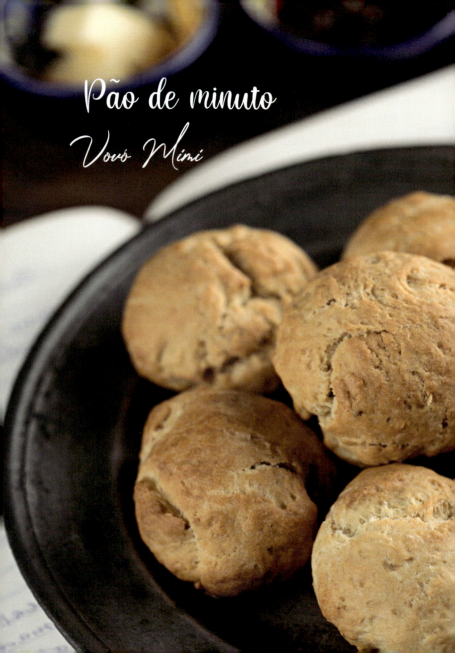

Pão de minuto
Vovó Mimi

Esta é a única receita "salgada" deste livro. Parece estranho, mas na verdade, em minhas lembranças destes pãezinhos, eles ficam bons mesmo é com uma camadinha de açúcar ou recheados como uma boa geleia. Não resisti em compartilhar.

Ingredientes	Unidade de medida	Quantidade total
Farinha de trigo	xícara	3½
Fermento	colher de chá	4
Manteiga	xícara	½
Sal	colher de chá	1
Leite	xícara	1

Modo de preparo

1. Misturar todos os ingredientes, reservando ½ xícara de leite
2. Abrir a massa e cortar no formato que deseja seu pãozinho
3. Levar ao forno a 180 ºC até dourar
4. Pulverizar os pãezinhos com o leite reservado (o tempo de assar dependerá do forno e do tamanho dos pãezinhos)

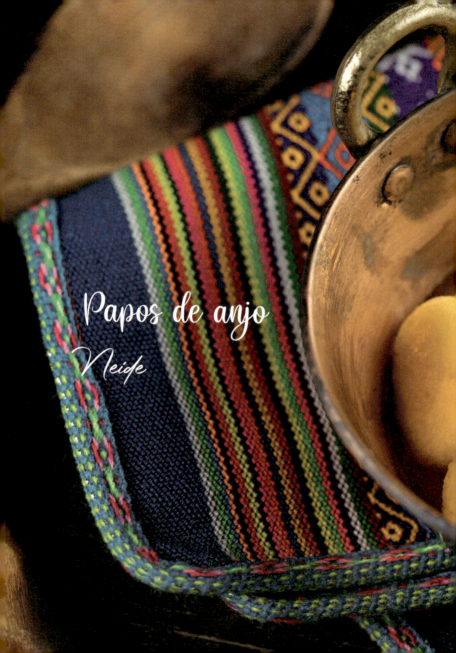

Doçuras de domingo

O doce de origem portuguesa me foi ensinado por essa saudosa amiga, que os fazia de uma forma que achei fácil e muito saborosa. E vale a dica: se a calda engrossar ao mergulhar os doces, basta acrescentar um pouco de água e ferver novamente.

Ingredientes	Unidade de medida	Quantidade total
Massa		
Ovo	unidade	9
Farinha de trigo	q.b.	q.b.
Manteiga para untar a fôrma	q.b.	q.b.
Calda		
Açúcar	copo	2
Água	copo	1
Baunilha	q.b.	q.b.

Modo de preparo

Massa:

1. Bater bem na batedeira 9 gemas com as claras de 2 ovos
2. Derramar a mistura em forminhas untadas com manteiga e enfarinhadas
3. Levar ao forno baixo (180 ºC) para assar

Calda:

1. Misturar o açúcar, a água e a baunilha fora do fogo
2. Levar ao fogo sem mexer até que esteja em ponto de fio brando, que é quando começa a borbulhar nas laterais da panela
3. Desligar e reservar

Montagem:

1. Pegar as massas dos papos de anjo já assadas e colocá-las na calda morna
2. Dar uma fervura rápida e retirar do fogo
3. Colocar em uma compoteira para armazenar

Pavê de amendoim
Lidia

Doçuras de domingo

Essa amiga que conheci em Petrópolis me ensinou esta receita, uma das que mais fiz. É realmente uma delícia!

Ingredientes	Unidade de medida	Quantidade total
Pavê		
Manteiga sem sal	grama	200
Açúcar	colher de sopa	8
Gema de ovo	unidade	3
Creme de leite gelado	lata	2
Amendoim moído	grama	250
Montagem		
Leite	copo	1
Licor	cálice	½
Biscoito champanhe ou maria	q.b.	q.b.
Amendoins inteiros	q.b.	q.b.

Pavê de amendoim

Modo de preparo

1. Bater na batedeira a manteiga, o açúcar, as gemas, o creme de leite e o amendoim moído até formar um creme
2. Reservar esse creme

Montagem:

1. Misturar o leite com o licor
2. Passar nessa mistura os biscoitos e forrar o fundo da fôrma com eles
3. Cobrir com o creme que reservou
4. Intercalar camadas de biscoito e creme, enquanto tiver
5. Preencher a última camada com amendoins inteiros

Pavê de chocolate
Cristina

112 Doçuras de domingo

Outra amiga petropolitana com quem troco receitas; um costume que parece se perder com a modernidade.

Ingredientes	Unidade de medida	Quantidade total
Pavê		
Gema de ovos	unidade	6
Açúcar	colher de sopa	6
Manteiga sem sal	grama	200
Chocolate em pó	colher de sopa	4
Creme de leite sem soro	lata	1
Montagem		
Leite	xícara	q.b.
Açúcar	colher de sopa	1
Chocolate em pó	colher de sopa	2
Licor de cacau	colher de sopa	2
Biscoito champanhe	q.b.	2
Nozes ou avelãs	grama	250

Pavê de chocolate

Modo de preparo

1. Bater (com o batedor ou na batedeira) as gemas e o açúcar até ficar um creme branco
2. Acrescentar a manteiga e bater bem
3. Juntar à mistura o chocolate em pó e o creme de leite sem o soro, misturar bem e reservar

Montagem:
1. Misturar o leite, o açúcar, o chocolate e o licor de cacau
2. Umedecer os biscoitos champanhe rapidamente nessa mistura
3. Em um pirex, intercalar camadas de biscoito, camadas de creme e nozes ou avelãs

Pavê de limão

Doçuras de domingo

Uma receita bem preguiçosa que recomendo para aqueles dias em que se quer comer algo gostoso sem ter trabalho. Sabe aquele bolo de padaria que você comprou e não sabe como incrementar? Esta é a hora!

Ingredientes	Unidade de medida	Quantidade total
Massa		
Bolo pronto de baunilha	unidade	1
Refrigerante de guaraná (qualquer marca)	q.b.	q.b.
Creme de limão		
Lata de leite condensado	lata	1
Creme de leite	lata	1
Suco de limão	xícara	½
Raspas de limão	q.b.	q.b.
Clara de ovos em neve	unidade	3

Pavê de limão

Modo de preparo

Massa:

1. Cortar o bolo em fatias bem finas

Creme de limão:

1. Bater no liquidificador o leite condensado e o creme de leite
2. Acrescentar aos poucos o suco de limão, mexendo
3. Bater sempre e acrescentar as raspas de limão
4. Retirar do liquidificador e acrescentar as claras em neve
5. Levar à geladeira para gelar e endurecer

Montagem:

1. Acomodar as fatias de bolo finas em uma fôrma de pão de fôrma
2. Molhar com um pouco de guaraná
3. Colocar o creme de limão por cima
4. Alternar as camadas entre o bolo umedecido com guaraná e o creme
5. A última camada deve ser de creme de limão
6. Colocar por cima raspas de limão
7. Levar à geladeira até firmar

Pavê de nozes

Juntar biscoitos champanhe, nozes e licor só pode resultar em algo muito bom. Uma sobremesa cremosa e geladinha que, com decoração caprichada, pode virar a estrela daquele almoço de família. As nozes podem ser substituídas por outros tipos de castanha.

Ingredientes	Unidade de medida	Quantidade total
Biscoitos champanhe	q.b.	q.b.
Leite com licor	q.b.	q.b.
Manteiga sem sal	grama	200
Açúcar	grama	200
Gema de ovos	unidade	4
Nozes moídas	xícara	1
Creme de leite	lata	1
Açúcar para o creme de leite	colher de sopa	2
Nozes inteiras para enfeitar	q.b.	q.b.

Pavê de nozes

Modo de preparo

1. Molhar os biscoitos champanhe no leite com licor
2. Forrar um pirex com os biscoitos molhados e reservar
3. Fazer um creme ao bater a manteiga com o açúcar até clarear
4. Acrescentar as gemas peneiradas uma a uma sem parar de bater
5. Acrescentar as nozes moídas e mexer
6. Bater o creme de leite com as colheres de açúcar
7. Juntar tudo e formar um creme
8. Colocar uma camada de creme sobre os biscoitos e seguir intercalando camadas de creme e de biscoitos
9. Finalizar com uma camada de creme
10. Enfeitar com as nozes inteiras
11. Levar à geladeira

Pavê húngaro

Não sei dizer se esta receita tem origem realmente húngara, mas posso atestar que é muito saborosa. Mais um preparo de geladeira para facilitar a vida e encantar a família.

Ingredientes

Ingredientes	Unidade de medida	Quantidade total
Ovo	unidade	4
Manteiga sem sal	grama	200
Açúcar	colher de sopa	10
Chocolate em pó	colher de sopa	4
Nozes moídas	quilo	½
Biscoito tipo maria	q.b.	q.b.
Leite	xícara	1

Modo de preparo

1. Bater na batedeira as claras em neve e reservar
2. Bater bem as gemas, a manteiga e o açúcar
3. Adicionar o chocolate, as nozes e as claras em neve e misturar tudo
4. Colocar a massa em um pirex
5. Molhar as bolachas no leite e colocar por cima
6. Levar à geladeira para firmar

Pudim

126 Doçuras de domingo

Uma receitinha bem preguiçosa, em que dá para usar um pouco das facilidades do supermercado para deixar a vida mais gostosa sem tanto trabalho.

Ingredientes	Unidade de medida	Quantidade total
Maria-mole	caixa	1
Água fervente	xícara	1
Leite condensado	lata	1
Creme de leite	lata	1
Leite de coco	garrafa (200 ml)	1
Coco ralado	pacote	1
Leite	copo	1
Gelatina sem sabor	pacote	1

Modo de preparo

1. Desmanchar a maria-mole com a água fervente e reservar
2. Bater no liquidificador o leite condensado, o creme de leite, o leite de coco, o coco ralado e o leite
3. Retirar o creme do liquidificador e misturar com a maria-mole desmanchada, sem bater
4. Adicionar a gelatina sem sabor hidratada e derretida
5. Misturar tudo e colocar em uma fôrma untada ou caramelizada
6. Levar ao congelador para firmar
7. Desenformar e servir

Quindão de nozes

Doçuras de domingo

Já deu para perceber que eu e minha família adoramos nozes. Pois aqui a receita tem bastante dessa delícia e fica ainda mais saborosa se a decoração ainda tiver mais um pouquinho de nozes. Esse quindão também fica bem bonito decorado com fios de ovos.

Ingredientes

Ingredientes	Unidade de medida	Quantidade total
Água	xícara	2
Açúcar	xícara	4
Glucose de milho (para untar a fôrma)	q.b.	q.b.
Ovo	unidade	18
Manteiga	colher de sopa	1½
Nozes moídas	xícara	1½
Baunilha	colher de sopa	½

Quindão de nozes

Modo de preparo

1. Pré-aquecer o forno por 3 horas já com a fôrma em banho-maria para colocar o quindão
2. No fogo, faça uma calda em ponto fio grosso com a água e o açúcar
3. Retirar a calda do fogo e deixar amornar
4. Untar com glucose de milho uma fôrma com buraco no meio e reservar
5. Em uma tigela, misturar os ovos (18 gemas e 3 claras passadas na peneira), a manteiga, as nozes e a baunilha
6. Acrescentar aos poucos a calda já fria, misturar bem e colocar tudo na fôrma reservada
7. Levar a fôrma com a mistura ao banho-maria já na água que está quente, por mais ou menos 50 minutos, até ficar firme e de cor dourada clara
8. Retirar do forno e deixar amornar
9. Colocar na geladeira até ficar bem gelado
10. Desenformar e, se quiser, decorar com nozes e fios de ovos

Quindim
Dona Elba

Outra receita de quindim, desta vez com a sabedoria baiana da Dona Elba. Neste doce, além de gemas, vão também claras de dois ovos. Mas o modo de desenformar é o mesmo: precisa estar bem frio para não quebrar.

Ingredientes	Unidade de medida	Quantidade total
Manteiga	colher de sopa	2
Açúcar	xícara	3
Coco inteiro, ralado	unidade	1
Ovo	unidade	12

Modo de preparo

1. Misturar a manteiga, o açúcar, o coco ralado e os ovos (12 gemas e claras de 2 ovos), sem bater
2. Colocar esse creme em uma fôrma untada e polvilhada com açúcar
3. Deixar descansar por 4 horas
4. Levar ao forno médio, em banho-maria, por aproximadamente 50 minutos
5. Desenformar quando estiver completamente frio

Quindim Dona Esmeralda

Mais uma receita dessa querida portuguesa, que aprendeu a versão brasileira por aqui. O pai do quindim é a brisa-do-Lis (doce conventual típico da região de Leiria), feita com amêndoas no lugar do coco. Não se esqueça de só desenformar quando estiver bem frio.

Ingredientes	Unidade de medida	Quantidade total
Açúcar	grama	500
Água	copo	1½
Manteiga	colher de sopa	2
Gemas de ovos peneiradas	unidade	16
Coco inteiro, ralado	unidade	1

Modo de preparo

1. Misturar o açúcar e a água e levar ao fogo, sem mexer, até ficar em ponto de fio brando, que é quando se formam borbulhas na borda da panela
2. Tirar do fogo e juntar a manteiga
3. Deixar esfriar e juntar as gemas peneiradas e o coco ralado
4. Misturar bem
5. Deixar descansar por 4 horas em uma fôrma untada e polvilhada com açúcar
6. Levar ao forno em banho-maria
7. Desenformar frio

Doçuras de domingo

Na minha juventude, eram muito comuns as cozinheiras de forno e fogão que muitas vezes moravam mais na residência dos patrões que em suas próprias casas. Por isso aprendi tanto com elas. A dona desta receita, no entanto, é uma moça que trabalhava com a Dona Elba, a mãe baiana de minha amiga que já citei em alguns preparos. Segundo ela, serve para fazer rocambole; a diferença é a fôrma, que precisa ser retangular para o bolo ficar baixinho e poder ser enrolado.

Ingredientes	Unidade de medida	Quantidade total
Massa		
Ovo	unidade	8
Açúcar	colher de sopa	8
Achocolatado em pó	colher de sopa	8
Recheio		
Leite condensado	lata	1
Manteiga	colher de sopa	2
Achocolatado em pó	colher de sopa	8

Rocambole

Modo de preparo

Massa:

1. Bater na batedeira as claras em neve dos 8 ovos
2. Ainda com a batedeira em movimento, acrescentar as 8 gemas, uma a uma, e o açúcar
3. Retirar da batedeira e misturar o achocolatado
4. Colocar em fôrma redonda com furo, untada e enfarinhada. Se preferir fazer um rocambole, utilizar fôrma retangular
5. Levar ao forno a 180 ºC para assar por aproximadamente 40 minutos ou até o palito sair limpo

Recheio:

1. Misturar todos os ingredientes do recheio e levar ao fogo em banho-maria
2. Mexer até ficar brilhando

Montagem:

1. Desenformar o bolo ainda morno
2. Fazer vários furos em cima do bolo
3. Despejar o recheio, que vai se infiltrar no bolo

Doçuras de domingo

Este doce é rápido e fácil. É só montar com alguns ingredientes que se tenha em casa. O melhor? Todo mundo vai adorar. Minha dica é servir com uma bola de sorvete de creme. Fica irresistível!

Ingredientes	Unidade de medida	Quantidade total
Creme		
Creme de leite	lata	1
Chocolate ao leite derretido	grama	250
Montagem		
Suspiros	q.b.	q.b.
Morangos	q.b.	q.b.

Sobremesa surpresa   143

Modo de preparo

Creme:

1. Mexer bem todos ingredientes até encorpar

Montagem:

1. Em um pirex, colocar os suspiros arrumados lado a lado
2. Nos intervalos, colocar os morangos e, por cima de tudo, o creme
3. Decorar com morangos
4. Levar à geladeira por mais ou menos duas horas
5. Servir preferencialmente com sorvete de creme

Torta alemã
Mônica

Doçuras de domingo

Outra amiga querida do Rio que conheci em Petrópolis foi quem me deu esta receita, que é daquelas que sempre tenho no congelador para finalizar quando chega uma visita.

Ingredientes

Ingredientes	Unidade de medida	Quantidade total
Manteiga sem sal	grama	200
Gema de ovos	unidade	2
Açúcar peneirado	xícara	1
Creme de leite	lata	1
Leite	copo	1
Chocolate em pó	colher de sopa	1
Rum	colher de sopa	1
Biscoito de maisena	q.b.	q.b.

Montagem

Chocolate meio amargo	grama	300
Creme de leite	lata	1

Torta alemã

Modo de preparo

1. Bater bem na batedeira a manteiga, as gemas e o açúcar até ficar branco
2. Acrescentar o creme de leite sem o soro (reservar o soro para usar a seguir), misturar e reservar
3. Forrar uma fôrma redonda com papel alumínio
4. Umedecer os biscoitos de maisena na mistura de leite, soro, chocolate e rum e preencher o fundo e as laterais da fôrma com os biscoitos umedecidos
5. Colocar o creme reservado e intercalar camadas de biscoito e creme
6. Colocar o restante dos biscoitos de maisena por cima de tudo
7. Cobrir com papel laminado e levar à geladeira por mais ou menos 8 horas

Montagem:

1. Desenformar a torta
2. Derreter o chocolate meio amargo com uma lata de creme de leite em banho-maria
3. Cobrir a torta alemã com essa mistura já fria

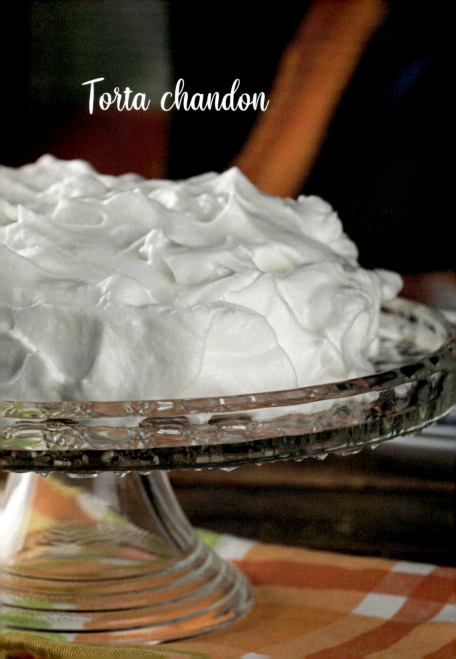

Parece complicada, mas é uma torta que faz vista aos olhos e alegra muito a cada pedaço. É importante prestar atenção ao passo a passo porque uma das etapas precisa ser preparada no dia anterior. Com organização, dá certo e vale a pena!

Ingredientes	Unidade de medida	Quantidade total
Massa		
Farinha de trigo	xícara	2
Açúcar	xícara	2
Margarina	colher de sopa	4
Fermento em pó	colher de chá	1
Creme de leite sem soro	lata	½
Creme 1		
Chocolate meio amargo em barra	grama	200
Chocolate em pó	colher de sopa	3
Ovo	unidade	3
Açúcar	colher de sopa	2

Doçuras de domingo

Rum ou conhaque	colher de sopa	2
Creme de leite sem soro	lata	1½

Creme 2 (ovos moles)

Açúcar	grama	200
Água	xícara	¼
Gema de ovos	unidade	3
Leite frio	copo	½

Creme 3

Clara de ovos em neve	unidade	3
Açúcar	colher de sopa	3
Creme de leite fresco	grama	250

Importante: Deve-se fazer o **creme 3** primeiro e deixar na geladeira por 24 horas.

Modo de preparo

Massa:

1. Misturar todos os ingredientes
2. Colocar em uma fôrma de torta fina e assar a massa pura
3. Reservar a massa assada

Torta chandon

Creme 1:

1. Derreter em banho-maria o chocolate meio amargo com o chocolate em pó e reservar
2. Bater um ovo inteiro com 2 gemas (reservar as claras para usar a seguir) até ficar branco
3. Acrescentar o açúcar, o rum (ou conhaque) e juntar tudo com o chocolate reservado
4. Juntar as claras batidas em neve e o creme de leite
5. Colocar o creme 1 sobre a massa assada

Creme 2:

1. Misturar o açúcar e a água, levar ao fogo até formar uma calda em fio
2. Deixar esfriar e reservar a calda
3. Dissolver as gemas no leite e misturar com a calda que reservou
4. Levar ao fogo para cozinhar por 10 minutos em fogo baixo, mexendo
5. Colocar o creme 2 sobre o creme 1

Creme 3:

1. Misturar, de véspera, as claras em neve, o açúcar e o creme de leite fresco
2. Deixar na geladeira e acrescentar, no dia seguinte, à torta, por cima do creme 2

Torta de abacaxi
Tia Carmen

Esta receita tem gostinho de antigamente e vai bem em qualquer reunião familiar. Mais um doce maravilhoso com abacaxi, a perdição de nossa família.

Ingredientes	Unidade de medida	Quantidade total
Camada 1		
Abacaxi picado	unidade	1
Água	copo grande	1
Açúcar	copo	½
Essência de baunilha em pó	pitada	1
Leite	copo	1
Camada 2		
Pudim de baunilha	pacote	1
Leite	copo	2

Torta de abacaxi

Camada 3

Claras de ovos em neve	unidade	3
Açúcar	colher de sopa	3
Creme de leite	lata	1

Modo de preparo

Camada 1:

1. Misturar o abacaxi com a água e o açúcar
2. Deixar descansar por 3 horas e depois levar ao fogo até dar ponto
3. Adicionar a baunilha misturada com o leite e mexer até engrossar
4. Despejar esse creme no pirex até forrá-lo por completo

Camada 2:

1. Juntar os ingredientes e levar ao fogo até dar ponto
2. Despejar esse creme no pirex por cima da camada 1

Camada 3:

1. Misturar os ingredientes
2. Despejar esse creme no pirex por cima da camada 2
3. Levar o pirex à geladeira até firmar e ficar bem geladinho

Torta de abacaxi
Tutty

Uma das recomendações de minha amiga é que as camadas sejam finas para dar certo. Sempre segui à risca e nunca me arrependi.

Ingredientes	Unidade de medida	Quantidade total
Calda		
Abacaxi picado	unidade	1
Açúcar	colher de sopa	4
Creme		
Manteiga	colher de sopa	4
Gemas de ovos	unidade	3
Açúcar	xícara rasa	3
Creme de leite gelado	lata	1

Torta de abacaxi 157

Modo de preparo

Calda:

1. Misturar o abacaxi com o açúcar
2. Levar à geladeira até esfriar

Creme:

1. Bater as gemas com a manteiga e o açúcar até ficar branco
2. Juntar o creme de leite e bater mais

Montagem:

1. Passar o abacaxi que estava na geladeira por uma peneira, para escorrer o caldo
2. Em uma fôrma, colocar alternadamente camadas finas de abacaxi e de creme
3. Levar ao congelador até firmar

Torta de banana

Doçuras de domingo

Esta receita tem uma mistura deliciosa de doce com o toque salgado do queijo minas curado. Com certeza vai surpreender e encantar.

Ingredientes

Base da torta

Ingredientes	Unidade de medida	Quantidade total
Banana d'água cortada em rodelas	unidade	6
Açúcar	xícara	1
Água	xícara	½
Queijo minas curado picado	peça	½

Creme

Ingredientes	Unidade de medida	Quantidade total
Ovo	unidade	4
Açúcar	colher de sopa	4
Baunilha	colher de sopa	1
Leite morno	copo	1½
Amido de milho	colher de sobremesa	1
Açúcar (para a cobertura)	colher de sopa	8

Torta de banana

Modo de preparo

Base da torta:

1. Colocar a banana, o açúcar e a água em uma panela
2. Levar ao fogo até formar um doce
3. Colocar em um pirex e reservar
4. Picar o queijo e colocar por cima do doce

Creme:

1. Misturar 4 gemas peneiradas (reservar as claras para usar a seguir) com 4 colheres de açúcar e a baunilha
2. Bater bem até ficar branco
3. Levar ao fogo em banho-maria mexendo sempre
4. Juntar aos poucos o leite morno, mexendo sempre até engrossar
5. Juntar o amido de milho e mexer (dessa forma, não talha)
6. Derramar esse creme por cima do doce e do queijo, no pirex
7. Bater 4 claras em neve com 8 colheres de açúcar
8. Despejar por cima de tudo no pirex
9. Levar ao forno somente para dourar
10. Deixar esfriar e colocar na geladeira

Torta de limão

Um doce clássico e tão gostoso que enfileira fãs por todos os lugares. Fazer em casa dá um pouquinho de trabalho, é verdade, mas vale a pena tentar. Com a prática, vai ficar do jeitinho que você gosta.

Ingredientes	Unidade de medida	Quantidade total
Massa		
Gema de ovo	unidade	1
Manteiga	colher de sopa	6
Açúcar	colher de sopa	1
Raspas de limão	colher de sopa	1
Sal	pitada	1
Farinha de trigo	xícara	2
Recheio		
Leite condensado	lata	1
Suco de limão	colher de sopa	4
Raspas de limão	q.b.	q.b.

Cobertura

Clara de ovos	unidade	4
Açúcar	colher de sopa	8
Creme de leite	lata	½
Fatias de limão para decorar	q.b.	q.b.

Modo de preparo

Massa:

1. Misturar todos os ingredientes em uma tigela, com as mãos
2. Em uma mesa, abrir a massa com um rolo
3. Forrar uma fôrma de aro removível com 22 centímetros de diâmetro
4. Levar ao forno médio pré-aquecido por 10 minutos e reservar

Recheio:

1. Misturar todos os ingredientes
2. Fazer uns furos na massa e despejar a mistura já assada

Torta de limão

Cobertura:

1. Na batedeira, depois de bater as claras em neve, acrescentar o açúcar e o creme de leite
2. Bater até encorpar
3. Espalhar a mistura sobre a torta
4. Levar ao forno médio por 8 minutos ou até virar um suspiro
5. Retirar do forno e levar à geladeira por 1 hora
6. Desenformar e decorar com as fatias de limão

Torta de mentirinha

Ruth

Doçuras de domingo

A base deste doce é esse biscoito de nome engraçado, que é tão simples quanto delicioso. E o mais divertido é que quem me passou essa receita foi a tia Ruth, que sempre gostou de mudar alguma coisa nas receitas que passava para os outros para que, digamos, o resultado não fosse exatamente igual ao dela. Virou brincadeira na família até. Mas esta torta aí eu garanto que dá certo, já testada e aprovada muitas vezes.

Ingredientes	Unidade de medida	Quantidade total
Biscoito mentirinha	grama	200
Ameixas em calda com vinho do Porto	q.b.	q.b.
Pudim de baunilha bem mole	caixa	1
Claras de ovos em neve	unidade	3
Açúcar	colher de sopa	2
Limão	gotas	5
Creme de leite	lata	1
Granulado de chocolate	q.b.	q.b.

Torta de mentirinha

Modo de preparo

1. Forrar um pirex com o biscoito mentirinha
2. Em seguida, forrar com as ameixas e o pudim bem molinho
3. Misturar as claras em neve, o açúcar, as gotas de limão e o creme de leite, formando um creme
4. Colocar esse creme no pirex, por cima dos itens anteriores
5. Dispor o granulado por cima de tudo
6. Levar à geladeira e servir bem gelada

Torta de nozes
Dulce

Eu sei, é a segunda torta de nozes que aparece por aqui, mas não podia deixar de fora. A primeira, preferida de minha mãe, é ótima, e essa, receita da tia Dulce, também é deliciosa. E com direito a doce de leite de panela de pressão, que é um clássico da doçaria popular.

Ingredientes	Unidade de medida	Quantidade total
Massa		
Leite condensado (recheio e cobertura)	lata	2
Açúcar	xícara	2½
Ovo	unidade	6
Farinha de rosca	colher de sopa	10
Nozes moídas	grama	500
Leite	xícara	1

Torta de nozes

Cobertura

Damasco	grama	100
Água	xícara	1
Açúcar	xícara	1
Creme de leite fresco	grama	150

Montagem

Nozes	q.b.	q.b.
Damascos	q.b.	q.b.

Modo de preparo

Massa:

1. Cozinhar as latas de leite condensado, sem rótulo, na panela de pressão por 30 minutos até que virem doce de leite
2. Retirar e deixar esfriar
3. Reservar o doce de leite para o recheio e a cobertura
4. Bater na batedeira o açúcar, as gemas (reserve as claras para usar a seguir), a farinha de rosca, as nozes e o leite

5. Juntar as claras em neve e mexer
6. Colocar a massa em uma fôrma redonda untada, enfarinhada e com papel-manteiga
7. Assar em forno médio e deixar esfriar antes de rechear

Cobertura:

1. Cozinhar o damasco com a água e o açúcar
2. Bater tudo no liquidificador com o creme de leite fresco

Montagem:

1. Desenformar a torta e dividi-la em três partes para rechear
2. Rechear com 1 lata de doce de leite (aquele que você reservou)
3. Cobrir o bolo com a mistura de damasco, nozes e a outra lata de doce de leite
4. Decorar com nozes e damasco

Torta de nozes
Vovó Mimi

Essa receita de minha avó eu dedico à minha mãe, já que era a torta preferida dela. E realmente é divina. Boa para qualquer ocasião que se queira fazer especial.

Ingredientes	Unidade de medida	Quantidade total
Massa		
Nozes sem casca	quilo	½
Ovo	unidade	7
Açúcar	xícara	1
Farinha de rosca	colher de sopa	6
Recheio baba de moça		
Açúcar	xícara	1½
Água	xícara	¼
Gema de ovo	unidade	7
Leite de coco	garrafa (200 ml)	1

Doçuras de domingo

Montagem (opcional)

Glacê branco	q.b.	q.b.
Nozes sem casca	q.b.	q.b.

Modo de preparo

Massa:

1. Passar as nozes no processador e reservar.
2. Bater as gemas (reservar as claras para usar a seguir) com o açúcar e depois misturar as nozes.
3. Acrescentar a farinha de rosca e mexer.
4. Acrescentar as claras em neve.
5. Assar em duas fôrmas untadas e enfarinhadas com farinha de rosca.

Recheio:

1. Levar ao fogo o açúcar com a água até que forme uma calda em ponto fio.
2. Retirar do fogo e deixar esfriar.
3. Bater as gemas e acrescentar o leite de coco.
4. Juntar a calda já fria e misturar bem.
5. Levar a mistura em fogo médio, mexendo sem parar.

Torta de nozes

Montagem:
1. Juntar o recheio à massa.
2. Cobrir com glacê branco e nozes sem casca (opcional).

Observação: O glacê básico leva uma xícara de açúcar de confeiteiro e duas colheres de sopa de suco de limão ou de laranja (também pode ser feito com leite). Basta peneirar o açúcar e misturar bem o líquido até adquirir a consistência desejada. Bater na batedeira.

Torta de ricota
Cláudia

Só uma palavra define esta torta: deliciosa! Recebi a receita de uma amiga querida, que também é minha vizinha. Pode testar que será um sucesso.

Ingredientes	Unidade de medida	Quantidade total
Leite condensado	lata	1
Leite	medida da lata do leite condensado	1
Ovo	unidade	4
Ricota	grama	350
Nozes, passas e amêndoas	q.b.	q.b.
Geleia de morango ou damasco	q.b.	q.b.

Torta de ricota

Modo de preparo

1. Bater no liquidificador o leite condensado, o leite, as gemas dos ovos (reservar as claras para usar a seguir) e a ricota
2. Colocar a mistura em uma fôrma untada e enfarinhada e reservar
3. Bater as claras em neve e cobrir a fôrma anterior
4. Mexer devagar com um garfo
5. Levar ao forno médio por 40 minutos
6. Retirar do forno e, ainda quente, colocar nozes, passas e amêndoas
7. Deixar esfriar e cobrir com a geleia

Torta Romeu e Julieta

Doçuras de domingo

A versão grande deste doce tão gostoso me faz pensar logo em um fim de tarde no campo, bem tranquilo, acompanhado de uma boa xícara de café.

Ingredientes	Unidade de medida	Quantidade total
Massa		
Biscoitos de maisena	pacote	1
Manteiga	grama	100
Recheio		
Gelatina sem sabor tricolor	pacote	1
Água	xícara	½
Ricota fresca	grama	400
Queijo minas maduro	grama	50
Creme de leite	lata	½
Leite condensado	lata	1
Cobertura		
Goiabada	grama	500
Amido de milho	colher de sopa	3
Água	copo americano	½

Torta Romeu e Julieta

Modo de preparo

Massa:

1. Bater o biscoito no liquidificador até formar um pó
2. Juntar a manteiga, formando uma farofa
3. Espalhar em uma assadeira com fundo removível
4. Levar ao forno por 5 minutos
5. Deixar esfriar e reservar

Recheio:

1. Hidratar e dissolver a gelatina com a água em banho-maria
2. Bater no liquidificador a ricota, o queijo, o creme de leite e o leite condensado
3. Juntar a gelatina derretida, bater e despejar na massa já fria
4. Levar à geladeira para endurecer

Cobertura:

1. Em uma panela, derreter a goiabada
2. Dissolver o amido de milho na água e misturar a goiabada
3. Mexer até engrossar e esfriar um pouco
4. Despejar a cobertura sobre a massa com o recheio já endurecido e gelado

Doçuras de domingo

Uma sobremesa de origem italiana, montada em camadas, que fica bem bonita quando colocada em uma fôrma de meia esfera. O efeito é surpreendente quando ela é cortada. A decoração com dois chocolates é o toque final que faz toda a diferença.

Ingredientes	Unidade de medida	Quantidade total
Cream cheese	grama	300
Ovos	unidade	3
Chocolate meio amargo picado	grama	200
Creme de avelá com cacau	grama	180
Gelatina sem sabor já hidratada e dissolvida	pacote	1
Chantilly	ml	250
Leite	ml	250
Licor de laranja	colher de sopa	1
Biscoito champanhe	caixa	2
Chocolate branco picado	q.b.	q.b.

Modo de preparo

1. Levar ao fogo em banho-maria o cream cheese, as gemas (reserve as claras para usar a seguir), o chocolate e o creme de avelã por mais ou menos 5 minutos até que tudo fique derretido
2. Retirar do fogo e acrescentar a gelatina hidratada e dissolvida, mexendo bem
3. Deixar esfriar, adicionar o chantilly e as claras em neve e reservar esse creme
4. Forrar com papel-alumínio uma fôrma de 21 cm de diâmetro x 12 cm de altura e capacidade de 3 litros
5. Misturar o leite com o licor para que umedeça os biscoitos aos poucos
6. Colocar os biscoitos umedecidos no fundo e nas laterais da fôrma
7. Separar e reservar um pouco do creme de chocolate para fazer o acabamento final
8. Colocar uma camada do creme de chocolate e duas de biscoitos umedecidos na fôrma
9. Alternar as camadas até que a última seja de creme de chocolate
10. Levar à geladeira por duas horas
11. Desenformar e cobrir com o creme de chocolate que reservou para o acabamento e decorar com chocolate branco

Anotações

A Editora Senac Rio publica livros nas áreas de Beleza
e Estética, Ciências Humanas, Comunicação e Artes,
Desenvolvimento Social, Design e Arquitetura, Educação,
Gastronomia e Enologia, Gestão e Negócios, Informática,
Meio Ambiente, Moda, Saúde, Turismo e Hotelaria.

Visite o site **www.rj.senac.br/editora**, escolha
os títulos de sua preferência e boa leitura.

Fique atento aos nossos próximos lançamentos!

À venda nas melhores livrarias do país.

Editora Senac Rio
Tel.: (21) 2545-4819 (Comercial)
comercial.editora@rj.senac.br

Fale com a gente: (21) 4002-2101

Este livro foi composto nas tipografias Flashback, Photograph
Signature e Adobe Garamond Pro e impresso pela Edigráfica
Gráfica e Editora Ltda., em papel *couché matte* 120 g/m², para
a Editora Senac Rio, em dezembro de 2019.